ピュアサウンズ
マンドリン
New コレクション 1

黒川 好美 編著

KYODO-MUSIC

目　次

表紙デザイン：津幡天青

		スコア	パート譜
アマポーラ	ホセ.M. ラカージェ	3	46
オー ソレ ミオ	イタリア民謡	6	
家　路	A. ドヴォルザーク	8	
いつか王子様が	F. チャーチル	10	
アヴェ マリア	G. カッチーニ	12	52
魅惑のワルツ	F.D. マルケッティ	17	56
スラヴ舞曲 第2番 第2集	A. ドヴォルザーク	22	60
愛のよろこび	G. マルティーニ	30	66
カヴァレリア・ルスティカーナ	P. マスカーニ	36	70
歌の翼に	F. メンデルスゾーン	40	43

※ この楽譜集ではパートの譜めくりがいらないように
　スコアが3ページ以上ある曲には、本の後半にパート譜を掲載いたしました。

表紙デザイン：津幡天青

アマポーラ

ホセ. M. ラカージェ　作曲
黒川　好美　編曲

オー ソレ ミオ

イタリア民謡
黒川 好美 編曲

家 路

A. ドヴォルザーク 作曲
黒川 好美 編曲

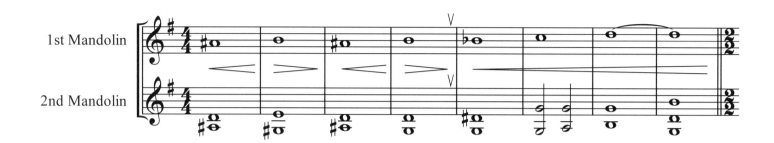

いつか王子様が

F. チャーチル 作曲
黒川 好美 編曲

アヴェ マリア

G. カッチーニ 作曲
黒川 好美 編曲

16

魅惑のワルツ

F.D. マルケッティ 作曲
黒川 好美 編曲

34

歌の翼に

F. メンデルスゾーン 作曲
黒川 好美 編曲

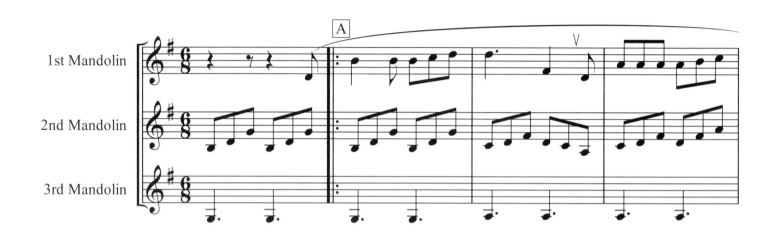
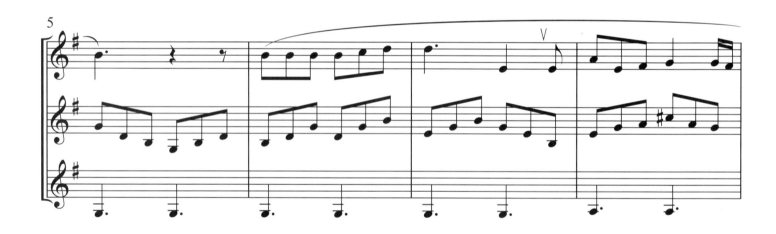

魅惑のワルツ

1st Mandolin

F.D. マルケッティ 作曲
黒川 好美 編曲

編曲者プロフィール

黒川好美

ピュアサウンズ代表。国立音楽大学卒業。
ヤマハ音楽普及振興会ピアノ講師を経て、黒川ピアノ教室主宰。
2003年、マンドリンアンサンブル「ピュアサウンズ」を主宰し、NHK文化センター、朝日カルチャーセンターや桜美林大学オープンカレッジのマンドリン講座講師及び相模原市内などで演奏、指導にあたっています。

著書

マンドリン楽譜集「ピュアマンドリン」シリーズ
ピュアサウンズマンドリン はじめてのやさしい曲集
ピュアサウンズマンドリン New 四季のメロディー
ピアノ楽譜集「ピアノをはじめよう」
など12冊の著書があります。

ピュアサウンズマンドリン Newコレクション ①
2017年11月20日初版発行
編著者　黒川好美 ©2017
発行者　豊田治男
発行所　株式会社共同音楽出版社
　　　　〒171-0051　東京都豊島区長崎3-19-1
　　　　電話03-5926-4011
印刷製本　株式会社平河工業社
充分注意しておりますが、乱丁・落丁は本社にてお取替えいたします。

皆様へのお願い
　楽譜や歌詞・音楽書などの出版物を著作権者に無断で複製（コピー）することは、著作権の侵害（私的利用など特別な場合を除く）にあたり著作権法により罰せられます。
　また、出版物からの不法なコピーが行われますと出版社は正常な出版活動が困難となり、ついには皆様方が必要とされるものも出版できなくなります。
　音楽出版社と日本音楽著作権協会（JASRAC）は著作権の権利を守り、なおいっそう優れた作品の出版普及に全力をあげて努力してまいります。
どうか不法コピーの防止に、皆様方のご協力をお願い申し上げます。
　　　　株式会社共同音楽出版社
　　　　一般社団法人日本音楽著作権協会